Artistes | numéro 46

RAPHAËL, « LE GRACIEUX »

— L'apogée de la Renaissance italienne

par Céline Muller

50MINUTES

Avec la collaboration de Julie Piront

RAPHAËL

- **Nom ?** Raffaello Sanzio, également appelé Raffaello da Urbino, Raffaello Sanzio da Urbino ou Raffaello Santi.
- **Naissance ?** Né le 6 avril 1483 à Urbino.
- **Mort ?** Décédé le 6 avril 1520 à Rome.
- **Contexte ?** Admiré par ses pairs qui l'élèvent presque à l'égal des dieux, Raphaël est la figure emblématique du classicisme dans l'art de la haute Renaissance au XVIe siècle ou *Cinquecento*.
- **Œuvres majeures ?**
  - *Le Mariage de la Vierge* (1504)
  - *Les Trois Grâces* (1503-1508)
  - *La Vierge au chardonneret* (1505-1506)
  - *La Madone du Belvédère*, dit aussi *La Madone à la prairie* (vers 1506)
  - *L'École d'Athènes* (1508-1511)
  - *Portrait du pape Léon X* (1518)
  - *La Sainte Famille* (1518)

De son vivant, Raphaël est déjà considéré comme un prodige. Giorgio Vasari (1511-1574), l'auteur des *Vies des meilleurs peintres, sculpteurs et architectes* (1550), ouvrage fondateur de l'histoire de l'art moderne, le place au premier rang de la création artistique, à l'égal de l'illustre Michel-Ange (1475-1564). Il apparaît comme la figure de proue de la haute Renaissance, comme celui qui a poussé les principes artistiques de cette période à leur perfection. D'ailleurs, il a si bien su saisir l'esprit classique que les peintres qui viendront après lui se détourneront de cet art trop parfait et exploreront d'autres voies.

Né dans le duché d'Urbino, l'artiste se forme à Pérouse et passe quelque temps à Florence, mais il n'a qu'une seule ambition : se rendre à Rome, où Michel-Ange a pratiquement le monopole. Il lui faudra parfaire son style en s'inspirant des grands maîtres de l'époque – le Pérugin (1445 ou 1450-1523), Léonard de Vinci (1452-1519) et Michel-Ange – et gagner les bonnes grâces des cours italiennes pour être enfin introduit dans la cité pontificale. C'est là qu'il peint son plus grand chef-d'œuvre : un ensemble de fresques monumentales exaltant la puissance de l'ancienne Rome et des papes, gardiens de la foi chrétienne.

Mort à l'âge de 37 ans alors qu'il était au sommet de sa gloire, Raphaël laisse pourtant derrière lui une œuvre abondante qui fait une large place à l'Antiquité et dont le maître-mot est l'harmonie.

CONTEXTE

L'ITALIE DU *CINQUECENTO*

Si, au XVIe siècle, l'Italie profite d'un rayonnement artistique sans précédent, sa situation politique est cependant particulièrement fragile. À vrai dire, on ne peut pas encore parler, à l'époque, d'une nation italienne, mais plutôt d'une multitude de cités-États (Gênes, Pise, Venise, Florence, Milan, Naples, etc.) souvent rivales. De leur côté, les territoires voisins sont unifiés par un pouvoir central fort, ce qui déséquilibre les rapports de force entre les villes italiennes et leurs assaillants, notamment les Français. En 1494, ces derniers envahissent la péninsule italienne afin de récupérer le royaume de Naples, qu'ils considèrent comme leur – en 1480, René d'Anjou (1409-1480), roi de Naples, a en effet légué ses biens au roi de France. Il s'agit du début des guerres d'Italie, qui perdureront jusqu'en 1559.

Si Charles VIII (1470-1498) parvient à récupérer le royaume de Naples lors de la première guerre d'Italie (1494-1495), il le perd rapidement suite à la coalition de ses ennemis. En 1499, son successeur, Louis XII (1462-1515), se lance alors à son tour à la conquête de la péninsule italienne. Grâce à l'aide du royaume d'Aragon, il récupère le royaume de Naples et, en outre, s'empare du duché de Milan dont il se considère, en tant que petit-fils de la princesse italienne Valentine Visconti (1368-1408), comme l'héritier. Mais, une fois de plus, la France perd ses conquêtes. Ce n'est qu'avec François Ier (1494-1547), lors de la bataille de Marignan (1515), que les Français parviennent à mettre la main sur le duché de Milan. Quant à Naples, ils la laissent aux Espagnols. Cependant, en 1525, Charles Quint (1500-1558), à la tête du Saint Empire germanique, annexe le Milanais et se lance à la conquête de toute la péninsule italienne, jusqu'au sac de Rome en 1527. Le conflit, qui oppose alors la France aux Habsbourg, ne prend véritablement fin qu'en 1559, avec la paix de Cateau-Cambrésis, qui voit la France renoncer à l'Italie.

À côté des enjeux politiques, ces guerres ont un grand impact culturel : elles jouent un rôle majeur dans l'exportation des principes et des innovations artistiques de la Renaissance hors des frontières italiennes, notamment en France. Les Français font le voyage en Italie, par exemple François Rabelais (1494-1553) ou Joachim Du Bellay (1522-1560), tandis que certains artistes italiens, Léonard de Vinci ou Benvenuto Cellini (1500-1571), se rendent en France. Un des plus grands symboles de ce rapprochement entre les deux territoires est sans doute le mariage de la duchesse d'Urbino Catherine de Médicis (1519-1589) et du futur roi de France Henri II (1519-1559), fils de François Ier.

L'ART DE LA HAUTE RENAISSANCE

On désigne généralement par l'expression « haute Renaissance » les productions artistiques italiennes réalisées entre 1500 et 1530. L'art italien atteint alors un niveau d'excellence inégalé jusque-là grâce à la parfaite maîtrise des principes expérimentés lors de la première Renaissance, au siècle précédent. De manière générale, ce vaste mouvement de renouveau culturel et artistique se caractérise par un retour à l'Antiquité et par une nouvelle conception du monde liée aux grandes découvertes et à la naissance de l'humanisme – un courant intellectuel qui place l'homme au centre de ses préoccupations.

En art, on opte dorénavant pour davantage de réalisme. En ce sens, les expérimentations de Lorenzo Ghiberti (1378-1455) ou Masaccio (1401-1428) en termes de perspective, ainsi que les traités théoriques de Filippo Brunelleschi (1377-1446) ou de Leon Battista Alberti

(1404-1472) sont d'une importance cruciale et permettent l'émergence d'un art complètement abouti au *Cinquecento*. L'Italie acquiert alors une réputation artistique sans précédent et s'enorgueillit de grands artistes tels que Léonard de Vinci, Michel-Ange ou encore Raphaël. Il faut également noter que le cœur artistique de la péninsule se déplace et que Florence, qui dominait le XVe siècle, s'efface devant Rome. C'est à présent dans la cité pontificale que se forment les meilleurs artistes, en contact direct avec les nombreux vestiges romains qui inspirent leur art. Nombre de tableaux (par exemple *La Joconde*, 1503-1507) et de fresques (notamment le plafond de la chapelle Sixtine, 1508-1512) de cette époque sont restés dans la mémoire collective comme faisant partie des plus grandes œuvres jamais peintes. Ainsi, le *Cinquecento* marque un véritable tournant dans l'histoire de l'art occidental.

L'ART GROTESQUE

C'est également à cette époque que se développe ce qu'on appelle l'art grotesque, qui s'inspire de motifs ornementaux antiques aux formes extravagantes représentants à la fois des personnages, des figures ou des animaux fantastiques, ainsi que des enchevêtrements d'éléments végétaux en équilibre instable. Ces décors, peints dans les intérieurs des maisons romaines pendant l'Antiquité et redécouverts au *Cinquecento*, revêtent un aspect insolite qui intrigue et fascine les artistes renaissants. Raphaël, qui a l'occasion d'admirer les fresques des ruines du palais de Néron (37-68), la *Domus aurea*, n'est pas en reste et conçoit le décor qui orne la galerie des Loges au Vatican en style grotesque (1517-1519). Notons que le terme « grotesque » n'est en aucun cas péjoratif : il évoque le fait que ces motifs aient été découverts dans des villas antiques ensevelies sous de nouvelles constructions.

BIOGRAPHIE

UN CONTEXTE ARTISTIQUE PRIVILÉGIÉ

Raphaël, né en 1483, baigne dès son plus jeune âge dans un climat artistique particulièrement favorable. D'une part, parce qu'il voit le jour à Urbino, capitale du duché du même nom, qui connaît à cette époque son apogée, sous le règne du duc Frédéric III de Montefeltro (1444-1482). Grand mécène, celui-ci s'entoure à la fois d'artistes et de savants humanistes qui font le prestige de sa cour. Sa bibliothèque passe d'ailleurs pour la plus grande d'Italie après celle du Vatican. D'autre part, parce que Raphaël naît au sein d'une famille d'artistes. Son père, Giovanni Santi (vers 1435-1494), peintre, possède son propre atelier et assure même des commandes pour la cour ducale.

Le jeune garçon perd sa mère alors qu'il n'a que huit ans, en 1491, et son père trois ans plus tard, en 1494. Si, dans un premier temps, Raphaël poursuit sa formation avec les assistants de son père, il prend rapidement la direction de Pérouse, où il reçoit l'enseignement de Pietro Vannucci, dit le Pérugin, alors considéré comme le peintre le plus célèbre d'Italie centrale et qui aura une influence considérable sur l'œuvre de Raphaël. À 17 ans à peine, vers 1500, le jeune prodige est déjà considéré comme un « maître », bien qu'il n'en ait pas encore le titre officiel. Il quitte alors Pérouse pour reprendre l'atelier de son père en s'associant avec l'ancien assistant de ce dernier, Evangelista di Pian Meleto (1460-1549). C'est avec lui qu'il réalise ses premières œuvres, dont le retable du *Bienheureux Nicola da Tolentino* (1501) pour la chapelle Baronci de l'église Sant'Agostino, dans la province de Pérouse. Cette œuvre, endommagée lors d'un tremblement de terre en 1789, a malheureusement été démembrée et ses morceaux sont aujourd'hui dispersés dans différents musées.

Dès ses débuts, Raphaël est encensé par la critique. Son style réaliste et harmonieux remporte un vif succès, spécialement auprès de l'aristocratie de l'époque. En 1504, il compte déjà parmi sa clientèle des personnages importants tels que Francesco Maria Ier della Rovere (1490-1538), duc d'Urbino. C'est grâce à ce dernier qu'il est introduit auprès de Piero di Tommaso Soderini (1452-1522), alors à la tête de la république de Florence.

LA CARRIÈRE FLORENTINE

On situe l'arrivée du peintre à Florence vers 1505, mais il ne rompt pas pour autant avec la cour d'Urbino. Très vite, il s'illustre par des portraits et des œuvres de dévotion privée à destination des riches florentins. Les portraits d'Agnolo et Maddalena Doni, réalisés vers 1506, connaissent notamment un grand succès. Cependant, c'est surtout grâce à ses nombreuses variantes de madones que Raphaël parvient à se faire un nom dans la cité florentine. Parmi elles, citons *La Vierge à l'Enfant couronnée par les saints* (vers 1504), *La Vierge au chardonneret* (1505-1506), *La Madone du Belvédère* (vers 1506), *La Madone aux œillets* (1506-1507) ou encore *La Madone Sixtine* (vers 1513), qui laisse apparaître dans sa partie inférieure deux célèbres angelots rêveurs (*putti*) souvent évoqués lorsque l'on parle de l'œuvre de Raphaël.

C'est également à Florence que l'artiste admire les travaux de Léonard de Vinci et de Michel-Ange, qui l'influenceront beaucoup. De manière générale, il se familiarise avec l'art antique qui inspirera ensuite sentir toutes ses œuvres. Cependant, malgré le succès encourageant qu'il rencontre dans la cité toscane, Raphaël n'a qu'un seul objectif : devenir peintre à Rome. Ses efforts sont pourtant contrariés pendant quelques années encore à cause du quasi-monopole que Michel-Ange exerce sur les commandes papales.

AU SERVICE DES PAPES

Ce n'est qu'en 1508 que Raphaël obtient ses premières commandes pour le pape. Il est chargé de décorer les appartements pontificaux du Vatican suivant un plan bien précis imaginé par Jules II (1443-1513) : il s'agit d'affermir le pouvoir de la papauté en restaurant la grandeur de la Rome antique et en propageant les valeurs du catholicisme.

Après avoir fait ses preuves en peignant *La Dispute du saint sacrement* pour décorer la chambre de la Signature, Raphaël se retrouve, en 1509, à la tête d'un projet de fresques monumentales (murs et plafonds compris) inspirées du style et des modèles antiques pour l'ensemble des appartements pontificaux. Dans la chambre de la Signature, il peint encore *L'École d'Athènes* et *Le Parnasse*, de 1508 à 1511. Il s'attaque ensuite à la chambre d'Héliodore, de 1512 à 1514, avec les fresques *Héliodore chassé du Temple*, *La Messe de Bolsena*, *La Rencontre d'Attila et de Léon le Grand* et *La Libération de saint Pierre*.

À la mort de Jules II en 1513, Raphaël entre au service de son successeur, Léon X (1475-1521), qui l'invite à poursuivre ses travaux. L'artiste décore également les chapelles Santa Maria della Pace (1514) et Santa Maria del Popolo (1416), et entame son dernier tableau, *La Transfiguration* (1518), commandé par le cardinal Jules de Médicis, le futur pape Clément VII (1478-1534). Ses dernières réalisations restent malheureusement inachevées, car Raphaël est soudainement frappé par une violente fièvre et meurt inopinément en 1520. On lui organise alors de sublimes funérailles et on l'enterre au Panthéon. *La Transfiguration*, considérée par ses contemporains comme son ultime chef-d'œuvre, est placée près de sa dépouille. Aussi les artistes romains à venir lui rendre un dernier hommage sont-ils nombreux. Selon Vasari, beaucoup sont émus de voir côte à côte le corps mort de l'artiste et son œuvre pourtant si vivante. Le mythe du génie Raphaël est né...

UNE SYNTHÈSE DE L'ART RENAISSANT

Raphaël, en intégrant dans ses œuvres les principes et les innovations des décennies précédentes, et en en proposant une synthèse à la fois plus aboutie et plus harmonieuse, porte l'art renaissant à son apogée. Tout d'abord, il s'inspire abondamment de l'Antiquité, qu'il met à l'honneur dans chacun de ses tableaux, par exemple à travers les architectures qu'il peint dans ses toiles ou les attitudes de ses personnages. Non seulement il reproduit les décors des maisons romaines, mais il agrémente également ses œuvres de clins d'œil à l'art gréco-romain. Il suffit, pour s'en convaincre, d'observer le nombre de statues et de bas-reliefs qui encadrent, en trompe-l'œil, *L'École d'Athènes*. De même, beaucoup de ses personnages peints adoptent des postures que la statuaire antique ne pourrait renier.

Sa maîtrise parfaite des règles de la perspective doit également être soulignée. Il parvient ainsi à créer l'illusion d'un espace en trois dimensions et ses compositions, extrêmement réfléchies, sont claires et structurées. Mais cette rigidité apparente s'évanouit grâce à la souplesse et à la douceur de ses personnages. Raphaël apporte en effet un soin particulier à la représentation des corps dans leurs justes proportions. Étudiant l'anatomie, à l'instar de ses prédécesseurs et contemporains, notamment Léonard de Vinci, il a une connaissance parfaite du corps humain, comme en témoignent ses multiples dessins préparatoires et ses études diverses.

Enfin, bien que Raphaël peigne un grand nombre d'œuvres sur bois, il ne néglige pas pour autant la peinture à fresque, au contraire. Cette technique, très présente dans l'art antique et remise au goût du jour à la Renaissance, est pratiquée avec brio par l'artiste (dans les chambres du Vatican, par exemple), ainsi que par son illustre contemporain, Michel-Ange, pour la chapelle Sixtine.

Si l'artiste est très sensible aux idées nouvelles véhiculées par la Renaissance – notamment la valeur accordée à la représentation humaine, ce qui explique la place importante qu'occupent les portraits dans son œuvre – il reste cependant très attaché aux sujets religieux. On lui connaît pas moins d'une trentaine de variations sur le thème de la madone et autant de scènes de dévotion religieuse.

TROIS SOURCES D'INSPIRATION

Trois artistes en particulier ont profondément influencé l'art de Raphaël : le Pérugin, Léonard de Vinci et Michel-Ange.

Il emprunte au premier ses compositions claires et classiques qui contribuent à l'harmonie globale de ses œuvres. Cette notion d'« harmonie » ou d'« équilibre » est maintes fois citée par les historiens d'art pour caractériser le style personnel de Raphaël. Le Pérugin initie également son élève à la célèbre technique du *sfumato*, mise au point par Léonard de Vinci. Celle-ci consiste à atténuer les contours des figures afin de leur conférer un modelé plus doux. Raphaël utilise notamment le *sfumato* dans sa *Madone du Grand-Duc*, en 1905 : la Vierge y est représentée de manière évanescente, avec un effet vaporeux qui n'est pas sans rappeler *La Joconde*. Mais les emprunts de Raphaël au maître florentin ne se limitent pas là, et l'influence de ce dernier se fait sentir jusque dans ses travaux préliminaires. En effet, tout comme de Vinci, Raphaël multiplie les dessins préparatoires avant de réaliser ses tableaux.

Enfin, au contact de l'œuvre de Michel-Ange, le peintre change quelque peu sa conception du corps humain. Ses personnages perdent en finesse et en raffinement, mais ils adoptent une monumentalité davantage en accord avec les exemples antiques. Les détails des musculatures sont rendus avec un aspect presque sculptural et les attitudes se diversifient : Raphaël propose une grande variété de poses, plus pour le jeu artistique qui en résulte que par souci de réalisme. De plus, comme c'était déjà le cas chez Michel-Ange, l'attitude corporelle des personnages reflète leur personnalité ou leurs sentiments.

UN TRAVAIL À PLUSIEURS MAINS

Le style de l'artiste repose sur un équilibre parfait entre le dessin et la couleur : d'une part, son dessin est précis et son trait est assuré ; d'autre part, l'harmonie des couleurs est conçue de manière à ce que celles-ci ne dominent pas les contours de son œuvre. Autrement dit, elles restent contenues à l'intérieur du dessin au lieu d'être libres et autonomes, comme c'est le cas dans les œuvres de l'école vénitienne où le chromatisme prime sur le dessin.

Ce sont là les principales caractéristiques que Raphaël tente d'inculquer à ses élèves. Car à côté du chantier colossal que représente la décoration des chambres du Vatican, l'artiste continue d'assurer de nombreuses commandes de portraits et de tableaux d'autel pour de grandes familles italiennes et délègue, pour ce faire, une partie de son travail à ses apprentis. S'il est généralement admis que les œuvres antérieures à 1513 sont réalisées de sa seule main, ce n'est plus le cas à partir de 1514, date à laquelle le nombre de ses assistants explose. Il emploie alors plus d'une cinquantaine de collaborateurs, dont les plus connus sont Giovan Francesco Penni (1488/1496-1528) et Giulio Romano (1492/1499-1546). Aussi, lorsqu'il doit entreprendre la décoration de la chambre de l'incendie du Bourg, Raphaël se cantonne-t-il à la confection d'ébauches sur papier (appelés cartons) pour diriger le travail de ses élèves. Ce mode de fonctionnement, par ailleurs courant à cette époque, est indispensable, car la renommée de l'artiste est telle qu'il lui est impossible d'assurer toutes les étapes de création de ses œuvres.

UN ARTISTE POLYVALENT

Comme beaucoup d'autres artistes de la Renaissance, Raphaël a plusieurs cordes à son arc. En effet, à côté de son œuvre picturale, il acquiert une certaine réputation dans le domaine de l'architecture en assurant, en 1515, la relève de Donato Bramante (1444-1514) dans la construction de la basilique Saint-Pierre – notons toutefois que le plan proposé par Raphaël est demeuré à l'état de projet. On lui doit également les plans de l'église de Sant'Eligio degli Orefici à Rome (vers 1512), du palais Pandolfini de Florence (vers 1515) et de la villa Madame (1517) dans la campagne romaine. Il conçoit par ailleurs les cartons de dix tapisseries à propos des *Actes des Apôtres*, confectionnées à Bruxelles entre 1515 et 1516 avant d'être accrochées dans la chapelle Sixtine. Enfin, il faut encore relever sa contribution à l'art de l'estampe, avec les ébauches qu'il prépare pour le graveur Marcantonio Raimondi (vers 1480-1534).

LA VIERGE AU CHARDONNERET

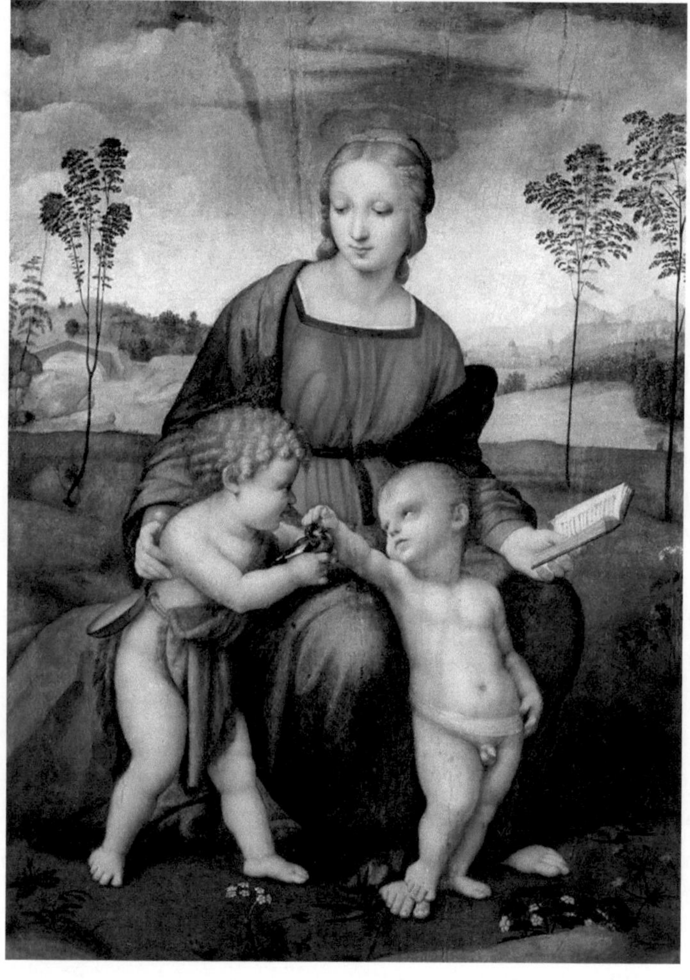

La Vierge au chardonneret, 1505-1506, huile sur bois, 107 x 77 cm, Florence, galerie des Offices.

La Vierge au chardonneret est une œuvre de jeunesse de Raphaël, réalisée lors du séjour florentin du peintre et offerte à Lorenzo Nasi, un riche commerçant qui a prospéré dans le commerce de tissus en laine, à l'occasion de son mariage avec une dame de la haute bourgeoisie florentine.

Il s'agit de l'une des nombreuses variantes effectuées par le peintre sur le thème de la Vierge à l'Enfant. La composition, de forme pyramidale, est empruntée à Léonard de Vinci. Elle est par ailleurs accentuée par les jeux de regards entre les personnages et par l'utilisation du clair-obscur, une technique consistant à confronter des couleurs plus claires et plus sombres afin de créer un jeu de contrastes et une illusion de relief. La base du triangle, constituée par Jésus et saint Jean-Baptiste, est solidement ancrée dans le sol. Elle confère à l'ensemble une impression de masse renforcée par les couleurs sombres de l'arrière-plan de la partie inférieure du tableau. Au contraire, la Vierge semble s'élever avec finesse et délicatesse vers la pointe du triangle, qui s'inscrit dans un arrière-plan aux tons plus clairs. Enfin l'emploi de couleurs contrastées – le manteau bleu de la Vierge s'opposant à son vêtement rouge, par exemple – est une des caractéristiques récurrentes des premières peintures de Raphaël que l'on retrouvait déjà dans *L'Apparition de la Vierge à saint Bernard* (vers 1488-1489) du Pérugin.

L'influence de Léonard de Vinci est également perceptible dans le paysage de l'arrière-plan. Que ce soit à travers la précision et la rigueur quasi scientifique avec lesquelles le peintre reproduit les plantes ou dans le rendu de l'atmosphère grâce au *sfumato*, les emprunts au maître florentin sont multiples.

Suite à un tremblement de terre en 1547, l'œuvre est très endommagée et subit une série de restaurations dès la seconde moitié du XVIe siècle. Une analyse récente, aux rayons X, montre que *La Vierge au chardonneret* a été brisée en 17 morceaux distincts qui ont été réassemblés au moyen de clous et recouverts d'une nouvelle couche de peinture. Une nouvelle restauration a été réalisée en 2008 et a permis de raviver l'éclat des couleurs d'origine. De plus, en accord avec les préceptes modernes de la restauration d'œuvres d'art, une partie des modifications effectuées en 1547, trop agressives, ont été remaniées pour optimiser la bonne conservation de l'œuvre.

LES TROIS GRÂCES

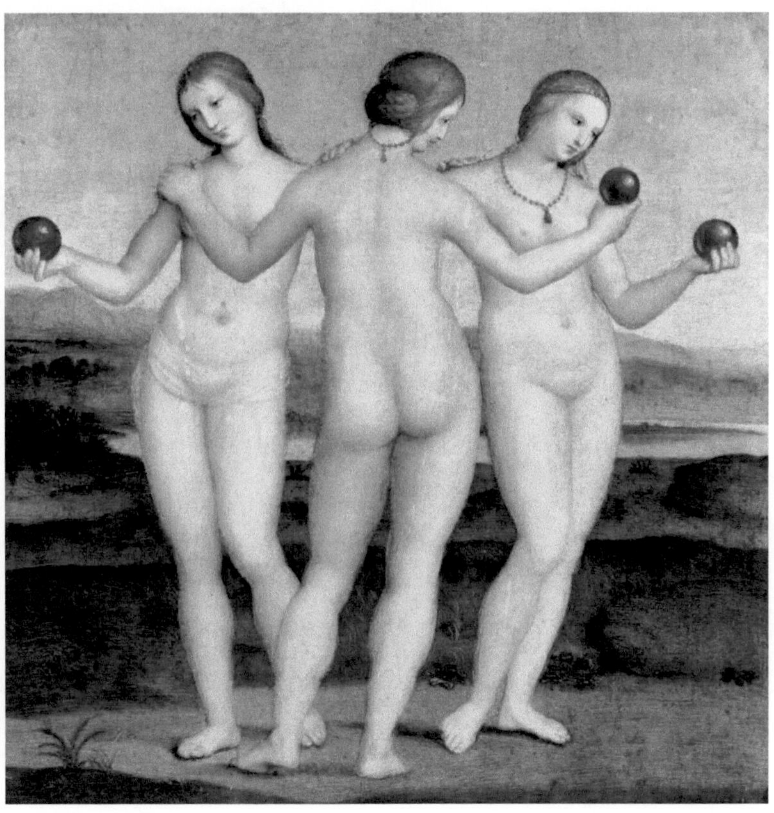

Les Trois Grâces, 1503-1508, huile sur bois de peuplier, 17,8 x 17,6 cm, Chantilly, musée Condé.

Les Trois Grâces est l'un des premiers tableaux non religieux peints par Raphaël et c'est également l'un des plus sujets à polémique, encore à l'heure actuelle. En effet, il représente un groupe de déesses nues que l'on a longtemps identifiées comme les Grâces ou les Charités – incarnations de la vie, de la beauté, de la nature et de la fécondité. Cette interprétation est pourtant réfutée par l'historien d'art Erwin Panofsky (1892-1968) : selon lui, l'œuvre représenterait plutôt les Hespérides, en raison des pommes que les jeunes femmes tiennent en main – les Hespérides étant les gardiennes du jardin contenant les pommes d'or dont la cueillette fait l'objet d'un des douze travaux d'Hercule.

Toutefois, des analyses plus récentes datant de 1986, concernant le dessin sous-jacent, induisent une autre lecture. Il semblerait en effet qu'à l'origine, la posture des personnages était un peu différente : la femme de droite se cachait le sexe de la main gauche, celle du centre posait ses deux mains sur les épaules de ses voisines et la dernière, celle de gauche, était complètement nue et seule à tenir une pomme. Ce dessin initial nous amène à envisager un thème iconographique totalement différent des précédents : un jugement de Pâris, très populaire dans l'Antiquité, qui rappelle un épisode de la mythologie gréco-romaine durant lequel le prince troyen Pâris doit offrir une pomme à l'une des trois déesses Junon, Minerve ou Vénus. Choisissant cette dernière afin d'obtenir l'amour de la plus belle femme du monde, Hélène, le prince provoque la guerre et la chute de Troie.

Par ailleurs, ce tableau semble aller de pair avec une autre peinture sur panneau de bois de tilleul, de même dimension, *Le Songe du chevalier* (1503-1504), représentant un chevalier endormi en train de rêver. Certains historiens de l'art l'identifient comme le général Scipion l'Africain (236-184 av. J.-C.), partagé entre le choix de la vertu et du plaisir, et pensent que le commanditaire de l'œuvre pourrait être Scipione di Tommaso Borghese, membre d'une riche famille originaire de Sienne. La théorie d'un jugement de Pâris sur le dessin initial, transformé au moment de la mise en couleur en Hespérides récompensant de leurs pommes le héros Scipion du tableau associé est aujourd'hui l'hypothèse la plus répandue. Le fait que la bibliothèque de la cathédrale de Sienne conservait une sculpture en marbre représentant les Hespérides semble encore appuyer cette interprétation.

D'un point de vue stylistique, cette œuvre est typique du séjour de Raphaël à Florence. Les figures sont gracieuses et les modelés des corps sont raffinés, mais ils ne sont pas encore aussi aboutis que dans les œuvres ultérieures de l'artiste. Toutefois, les proportions sont harmonieuses et équilibrées. Quant à la référence à l'Antiquité, elle est évidente, que ce soit dans l'emploi du nu, remis au goût du jour à la Renaissance, ou à travers la pose des jeunes femmes, inspirée de la sculpture classique. Enfin, il est intéressant de noter que la beauté des personnages de Raphaël ne résulte pas d'une copie d'un modèle réel, mais plutôt de l'idée personnelle que l'artiste se fait du beau. En cela, il s'éloigne de ses contemporains qui s'efforcent de représenter fidèlement la réalité.

L'ÉCOLE D'ATHÈNES

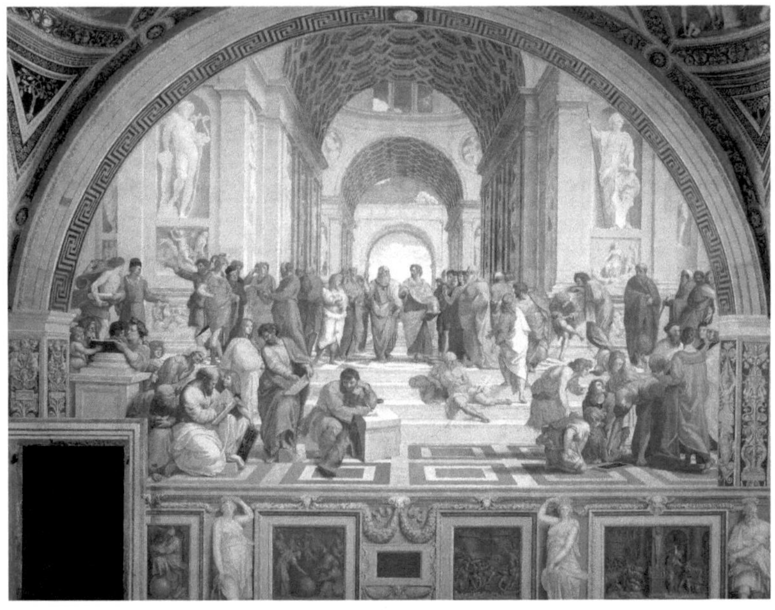

L'*École d'Athènes*, 1508-1511, fresque, 500 x 770 cm, Rome, palais du Vatican, chambre de la Signature.

En 1508, Raphaël devient le peintre officiel de la papauté à Rome et décore, entre autres, la chambre de la Signature, située dans les appartements de Jules II au Vatican. Cette fresque monumentale et profondément humaniste par son sujet offre un panel assez complet des grandes figures de la pensée antique.

Raphaël crée pour sa scène un décor grandiose à l'architecture classique, surmonté d'une voûte en plein cintre et pourvu de colonnes caractéristiques de l'Antiquité et de la Renaissance. La perspective encore tâtonnante des siècles précédents est, ici, parfaitement maîtrisée et offre un effet de profondeur inédit. La palette de couleurs comprend quant à elle une grande variété de tons ocre, beiges, oranges et bleus qui contrastent harmonieusement avec les teintes pastel du décor architectural. Enfin, les personnages sont placés de manière à équilibrer la composition, particulièrement réfléchie. Le modelé des corps, plus sculptural, est bien différent des œuvres antérieures de Raphaël et se rapproche du style de Michel-Ange. La grande variété de poses est également inspirée de ce dernier.

Si cette fresque, en rassemblant les figures majeures de la pensée antique – on trouve notamment, au centre, Platon (vers 427-347 av. J.-C.) et Aristote (384-322 av. J.-C.), tenant respectivement *Le Timée* et *L'Éthique*, ou encore Pythagore (vers 570-480 av. J.-C.), occupé à écrire à l'avant-plan –, fait l'apologie de l'Antiquité, le peintre rend également hommage à certains de ses contempo-rains. Ainsi, au premier plan, à droite, le mathématicien Euclide (IIIe siècle av. J.-C.), vêtu de rouge et penché sur une tablette, le com-pas à la main, est représenté sous les traits de Donato Bramante (1444-1514) ; le philosophe Héraclite (vers 550- 480 av. J.-C.), appuyé sur un bloc de marbre à l'avant-plan et isolé du reste du groupe possède les traits de Michel-Ange, également connu pour son carac-tère difficile ; Raphaël lui-même apparaît à côté du savant Ptolémée (vers 100-170), à l'extrême droite du tableau, partiellement caché par le décor, comme pour élever les arts figuratifs au même plan que les arts libéraux.

LA SAINTE FAMILLE

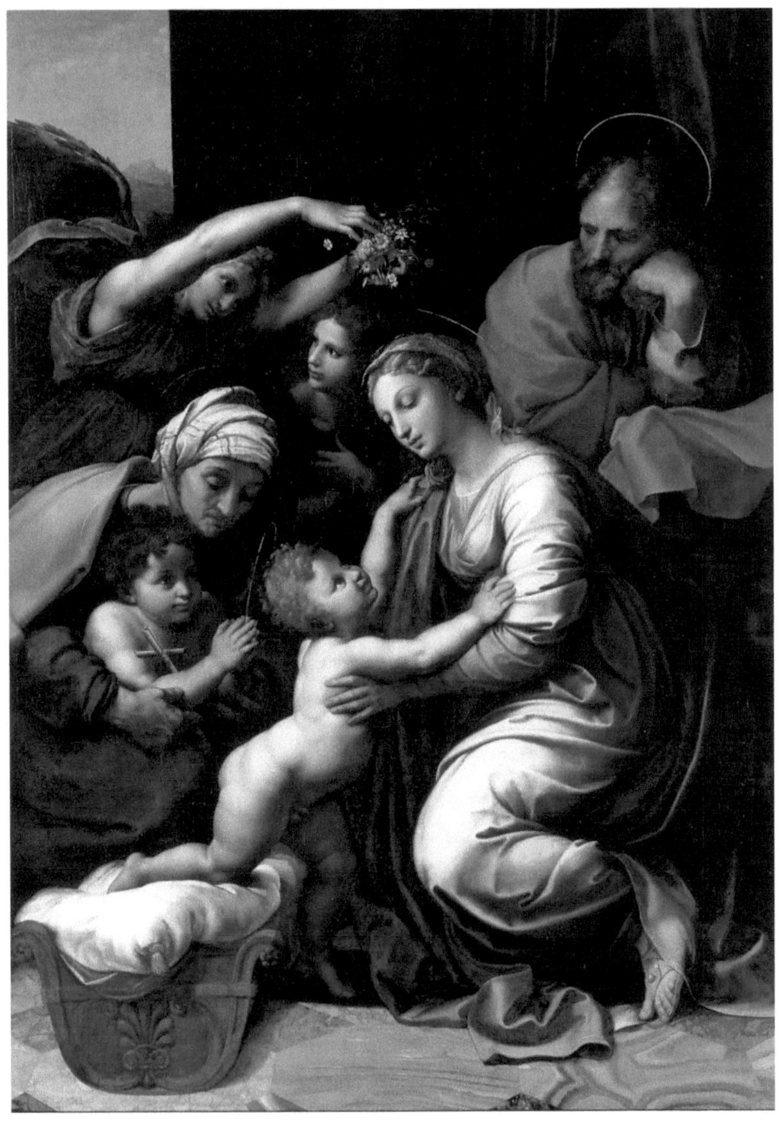

La Sainte Famille, dite *de François Ier*, 1518, huile sur bois transposée sur toile, 207 x 140 cm, Paris, musée du Louvre.

Ce tableau est une commande du pape Léon X destinée à être envoyée comme présent à François Ier à l'occasion de la naissance de son fils en 1518. Bien que seul le nom de Raphaël apparaisse en signature sur le manteau de la Vierge (RAPHAEL VRBINAS PINGEBAT M.D.X.VIII.), les critiques et les historiens de l'art s'accordent à reconnaître la touche de Giulio Romano dans les figures de Jean et d'Élisabeth. Cette œuvre aurait donc été réalisée à plusieurs mains.

La Sainte Famille est considérée comme un exemple caractéristique du style tardif de l'artiste. L'influence de Michel-Ange, et particulièrement de son travail en tant que sculpteur, est très nette dans la monumentalité des figures, qui occupent de plus en plus de place au sein de la composition – de manière générale, il s'agit d'une tendance artistique qui se répand au XVIe siècle.

Raphaël reste cependant également attaché aux préceptes de Léonard de Vinci. Il garde de lui ce traitement particulier de la lumière qui permet de subtils jeux de clair-obscur et qui rend la scène plus chaleureuse grâce à des effets tamisés de lumière. En cela, mais aussi en raison du dynamisme de la composition, construite en diagonale, cette œuvre annonce déjà l'art du Caravage (1571-1610), maître incontesté du clair-obscur, et le mouvement baroque.

LA TRANSFIGURATION

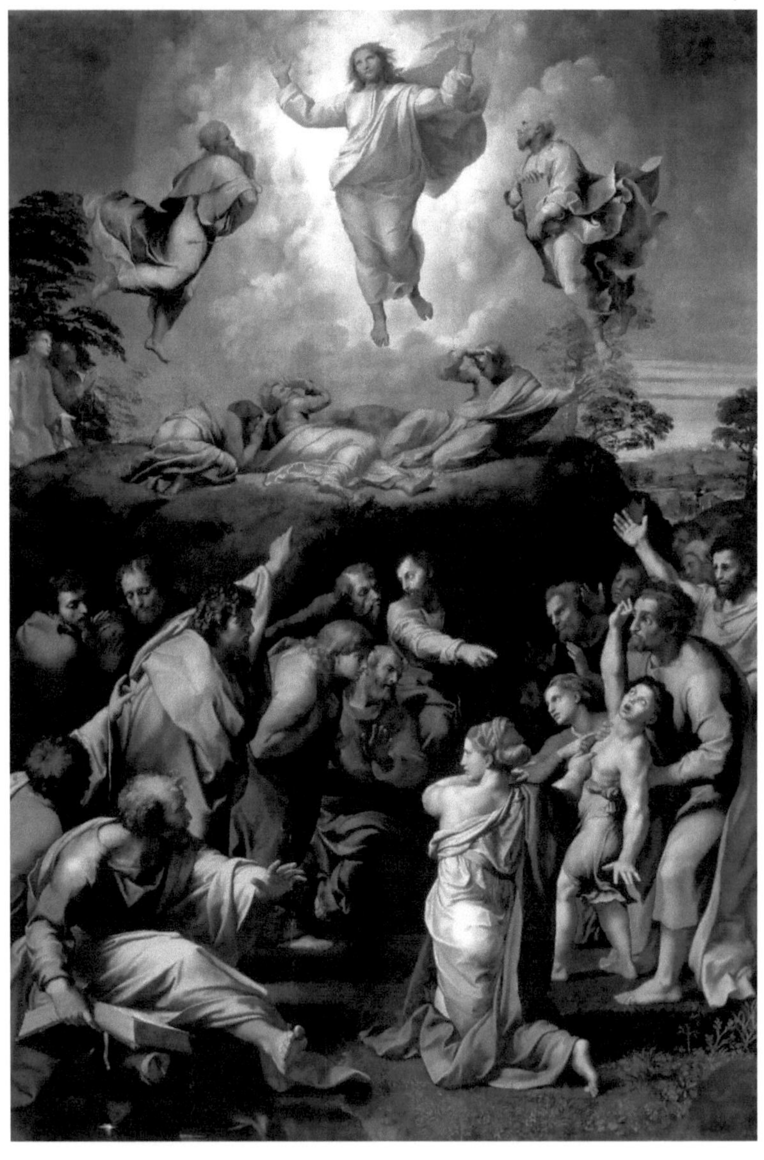

La Transfiguration, 1518-1520, huile sur bois, 405 x 278 cm, Rome, musée du Vatican.

Dernier tableau du maître, inachevé, *La Transfiguration* est une commande de Jules de Médicis pour sa résidence de Narbonne, dont il était l'archevêque. À la mort de Raphaël, en 1520, ses collaborateurs se chargent de parachever l'œuvre, sans que l'on sache exactement quelles parties sont réellement de lui. Finalement, cette œuvre monumentale n'est jamais envoyée à Narbonne : elle est placée avec la dépouille de l'artiste au Panthéon avant d'être exposée dans l'église San Pietro in Montorio. Réquisitionnée par Napoléon Ier (1769-1821) en 1797, elle effectue un long voyage jusqu'en France avant d'intégrer la pinacothèque du Vatican.

La composition s'organise en deux parties distinctes. La partie supérieure relate un épisode de la vie du Christ : ce dernier quitte son apparence terrestre pour révéler sa nature divine à trois disciples. La partie inférieure, quant à elle, représente la guérison d'un épileptique sous l'œil des apôtres et des croyants.

Cette œuvre est une parfaite synthèse de toutes les influences qui ont nourri le travail de Raphaël. Tout d'abord, l'ensemble porte la marque de l'art renaissant, qui transparaît tant dans la maîtrise de la perspective que dans la place accordée à l'homme dans le tableau. Ensuite, l'utilisation de la lumière est parfaitement aboutie et doit beaucoup à Léonard de Vinci, notamment dans la partie inférieure de l'œuvre, où le clair-obscur donne un effet de profondeur. À côté de cela, les poses des personnages, la plasticité de leurs corps, la vie qui s'en dégage ainsi que la manière dont leurs attitudes trahissent leurs émotions viennent sans aucun doute de Michel-Ange. Mais, contrairement aux œuvres antérieures de Raphaël, au calme serein de ses madones, dans la partie inférieure du tableau, l'expression des sentiments est très théâtrale et excessive, presque déchaînée, annonçant déjà le maniérisme. Les nombreux contrastes – l'emploi de couleurs vives sur un fond sombre ainsi que l'opposition entre le calme de la scène supérieure et l'animation qui règne en bas – sont également caractéristiques du courant maniériste. On peut même voir, dans la pose déséquilibrée de l'épileptique et de la jeune femme à l'avant-plan, les prémisses de la distorsion des corps.

Enfin, Raphaël utilise une palette de couleurs vives et généreuses, avec des rouges et des bleus vifs, qu'il a déjà éprouvée dans ses œuvres précédentes. De même, il recourt ici encore à la composition pyramidale et à son mouvement ascensionnel, qui sert le sujet de la transfiguration de manière particulièrement efficace. Détail intéressant, la jeune femme au centre du tableau est une réplique presque identique de celle qui orne la fresque d'*Héliodore chassé du temple*, peinte entre 1511 et 1512 par Raphaël au palais du Vatican.

RAPHAËL, UNE SOURCE D'INSPIRATION

Raphaël inspire, de son vivant, un grand nombre d'artistes, dont ses proches collaborateurs. Malheureusement, son atelier ne résiste que quelques années à son décès et le sac de Rome par les troupes de Charles Quint (1500-1558) en 1527 finit de disperser ses derniers compagnons. De manière générale, cet épisode ternit l'idéal humaniste et entraîne les artistes sur d'autres voies. D'autant plus que les maîtres de la haute Renaissance sont parvenus à un art tellement abouti qu'il paraît impossible rivaliser avec eux. La perfection semble avoir été atteinte, à la fois dans la représentation des corps et dans la maîtrise de l'espace pictural. Dès les années 1520, les collaborateurs de Raphaël rompent alors avec les codes classiques et se détournent du réalisme pour expérimenter un nouveau style, basé sur l'exagération et l'expressivité : il s'agit du maniérisme, qui perdurera jusqu'en 1580 environ. Les artistes maniéristes reprennent les modèles diffusés par Raphaël et Michel-Ange tout en exacerbant leur technique (couleurs criardes, contrastes violents...) et leurs sujets (distorsion des corps, silhouettes en « S »...).

Parmi les élèves que Raphaël a inspirés, le plus célèbre est certainement Giulio Romano, nom parfois francisé en « Jules Romain ». Dans *L'Adoration des bergers* (1532-1534), peinte une dizaine d'années après la mort du maître, on retrouve sans conteste la trace de ce dernier à travers l'utilisation de teintes vives, leur mise en valeur grâce à un fond sombre, la technique du clair-obscur pour donner un effet de profondeur ou encore la tranquille monumentalité des corps. Par la suite, Romano abandonne tout à fait l'art de Raphaël pour devenir l'un des premiers peintres maniéristes.

Autre exemple : Giovanni da Udine (1487-1564), qui retient quant à lui de Raphaël l'importance du dessin. On lui connaît beaucoup d'études préparatoires représentants des animaux, des fleurs ou des parties de corps humains. Ainsi, quand il intègre l'atelier du maître, il est très vite sollicité pour exécuter les éléments décoratifs de ses tableaux. Parmi ses contributions avérées à l'œuvre de ce dernier, on compte les stucs de la loggia di Raffaello (1517-1519) ou les montages fruitiers des loggias de la villa Farnesina (vers 1517), à Rome. Giovanni da Udine achève également toute une série de travaux laissés en suspens par le maître après sa mort, notamment les décors de la villa Madame.

Enfin, de manière indirecte, Raphaël a exercé une grande influence sur l'œuvre de Nicolas Poussin (1594-1665), considéré comme le maître du classicisme français. Dans *Les Bergers d'Arcadie* (1639), par exemple, on retrouve le même soin que celui que Raphaël apportait à l'équilibre de ses compositions et une attirance similaire pour l'Antiquité, visible à travers le choix du sujet. Mais l'influence de Raphaël s'étend bien plus loin dans la peinture occidentale, à la fois dans la tradition classique, avec Charles Le Brun (1619-1690), Jacques-Louis David (1748-1825) ou Jean-Auguste-Dominique Ingres (1780-1867), et chez les peintres « rebelles » du XXe siècle tels qu'Eugène Delacroix (1798-1863) et Pierre-Auguste Renoir (1841-1919), qui vouent au maître une profonde admiration.

LE MYTHE RAPHAËL

La réputation de Raphaël était telle qu'on a cru qu'avec lui la peinture avait trouvé son parfait achèvement. Déjà encensé de son vivant, l'artiste a encore vu sa célébrité s'amplifier avec sa mort prématurée. En 1550, quand Vasari publie sa biographie de Raphaël dans ses *Vite*, il voit même une intervention divine dans le talent du maître d'Urbino : « On vit clairement dans la personne, non moins excellente que gracieuse, de Raphaël à quel point le Ciel peut parfois se montrer généreux et bienveillant, en mettant – ou pour mieux dire – en déposant et accumulant en un seul individu les richesses infinies ou les trésors de ses innombrables grâces qui sont de rares dons qu'Il ne distribue cependant que de temps à autre, et encore à des personnes différentes. »

- Raphaël naît en 1483 en Italie dans une famille sensible aux pratiques artistiques. Après la mort de son père, peintre lui aussi, il parachève sa formation auprès du Pérugin qui décèle chez lui un talent exceptionnel. Il n'a que 17 ans quand il reprend l'atelier paternel et s'installe à son compte à Urbino.

- Son style est l'aboutissement parfait de tous les principes et de toutes les innovations de la Renaissance. Avec Raphaël, la maîtrise de la perspective atteint son plus haut niveau et la représentation du corps humain est plus fidèle qu'elle ne l'a jamais été. À cela s'ajoutent de multiples références à l'Antiquité, bien entendu, mais également une préférence marquée pour les couleurs vives et les structures pyramidales. Les maîtres-mots de son œuvre sont l'« harmonie » et l'« équilibre », tandis qu'il marque une nette prédilection pour le thème de la Vierge à l'Enfant.

- Le travail de Raphaël est influencé par trois grands artistes de l'époque : le Pérugin, qui l'initie aux compositions claires et structurées, Léonard de Vinci, dont il s'inspire pour moduler la lumière, et Michel-Ange, qui apporte notamment de la monumentalité à ses personnages.

- Son œuvre la plus célèbre est celle qu'il entreprend à Rome au service des papes Jules II et Léon X. Les fresques qu'il peint dans les appartements pontificaux, dont *L'École d'Athènes*, comptent aujourd'hui parmi les plus grands chefs-d'œuvre de la haute Renaissance.

- Raphaël décède prématurément en 1520 à Rome, laissant une partie de son travail inachevé ou poursuivi par ses collaborateurs. Sa renommée est telle que certains de ses contemporains parlent même d'inspiration divine.

POUR ALLER PLUS LOIN

SOURCES BIBLIOGRAPHIQUES

- ARASSE (Daniel), CASTANDET (Christophe) et GUÉGAN (Stéphane), *Les Visions de Raphaël*, Paris, Éditions Liana Levi, 2004.
- BOUQUET (Hélène), *Raphaël, l'homme de génie*, Nice, Éditions Bénévent, 2008.
- BUCK (Stéphanie) et HOHENSTART (Peter), *Raphaël*, Potsdam h. F. ullmann, 2007.
- CHARLES (Victoria), *L'Art de la Renaissance*, New York, Parkstone Press Ltd, 2014.
- CORDELIER (Dominique) et PY (Bernadette), *Raphaël, son atelier, ses copistes*, Paris, RMN, 1992.
- DE VECCHI (Pierluigi), *Raphaël*, Paris, Citadelles et Mazenod, 2002.
- FOCILLON (Henri), *Raphaël*, Paris, Presses Pocket, 1993.
- JOANNIDES (Paul), *Raphaël et son temps*, Paris, RMN, 2002.
- MÜNTZ (Eugène), *Raphaël*, New York, Parkstone Press Ltd, 2008.
- OBERHUBUER (Konrad), *Raphaël*, Paris, Éditions du Regard, 1999.
- PONENTE (Nello), *Raphaël*, Paris, Flammarion, 1990.
- « Raphaël », in *Larousse*, consulté le 15/11/2014. http://www.larousse.fr/encyclopedie/personnage/Raffaello_Santi_ou_Sanzio_dit_en_fran%C3%A7ais_Rapha%C3%ABl/140349
- *Raphaël, les dernières années*, catalogue d'exposition, Paris, éditions du musée du Louvre et Hazan, 2012.
- THOENES (Christof), *Raphaël*, Cologne, Taschen, 2005.

SOURCES ICONOGRAPHIQUES

- RAPHAËL, *La Sainte Famille*, dite *de François Ier*, 1518, huile sur bois transposée sur toile, 207 x 140 cm, Paris, musée du Louvre. La photo reproduite est réputée libre de droits.
- RAPHAËL, *La Transfiguration*, 1518-1520, huile sur bois, 405 x 278 cm, Rome, musée du Vatican. La photo reproduite est réputée libre de droits.
- RAPHAËL, *La Vierge au chardonneret*, 1505-1506, huile sur bois, 107 x 77 cm, Florence, galerie des Offices. La photo reproduite est réputée libre de droits.
- RAPHAËL, *L'École d'Athènes*, 1508-1511, fresque, 500 x 770 cm, Rome, palais du Vatican, chambre de la Signature. La photo reproduite est réputée libre de droits.
- RAPHAËL, *Les Trois Grâces*, 1505-1508, huile sur bois de peuplier, 17,8 x 17,6 cm, Chantilly, musée Condé. La photo reproduite est réputée libre de droits.

www.50minutes.com

Éditeur responsable : Lemaitre Publishing
Rue Lemaitre 4 | BE-5000 Namur
info@lemaitre-editions.com

ISBN ebook : 978-2-8062-6165-6
ISBN papier : 978-2-8062-6166-3
Dépôt légal : D/2015/12603/14
Photo de couverture : © *La Vierge au chardonneret* (1505-1506), par Raphaël.

Conception numérique : Primento,
le partenaire numérique des éditeurs